새, 비상을 서둘다

김애경 시집

| 자서 |

'꼭 가야할 길이라면
그 길을 따라가야 한다

일찍 나서지 못한 길이라
아쉬움도 있지만
그 아쉬움마저 다스리면서… '

어느날 운명처럼 내 마음에 들어와 나의 일부가 되어버린 시로 두 번째 시의 집을 짓습니다. 그 작업이 즐거운 일이기도 하지만 마음 한 켠에 무거운 짐을 지는 듯합니다. 그러나 '… 한줄기 빛의 다발이 꽃보다 곱게 파득일 그 날까지 ' 쉬지 않고 가볼 마음입니다.

연로하심에도 기꺼이 그림을 그려주신 허반영 화백님께 감사드립니다. 그리고 선뜻 출판비를 부담해주신 친정 어머니께도 고맙다는 말 전하고 싶습니다. 아울러 출판에 애정을 더해주신 도서출판 〈들꽃〉편집진 여러분께도 고마운 인사를 나누고 싶습니다.

2009 여름에

김 애 경

차례

묶음 하나 : 가끔은 아파오는 것

묶음 둘 : 자운영 꽃밭에서

묶음 셋 : 낙엽이 하는 말

묶음 넷 : 죽음의 수용소

묶음 다섯 : 구름끝 달맞이

묶음 하나

가끔은 아파오는 것

민주의 덫

- 아버지의 시혼에 부쳐

추억할 수 있는 일이라면
추억하기로 하자

창 밖의 꽃순
터지는 소리와 함께
큰소리로 외치자

3.15의거의 무대에
당신의 詩가
창작 무용이 되고
노래가 되던 날

물잠자리 날개짓 보다 더 고운
전율로
남긴 흔적
나를 울게 하더라

물빛 시간이 흘렀어도

그 자리에 희게 베인
당신 이름인데

그리움은 꼬불꼬불한 길 저 편의
꽃처럼 돋아나더라

고향에 간다

- 추모음악회에 부쳐

고향에 간다
기억만 묻혀 있는 고향 능선
간절한 뜻 추스르며
아버지의 흔적 찾아
고향에 간다

기다리는 이 없어도
어차피 숙명과 맞닿을까

정으로 휘느린 자리
떠나간 인연의 빈자리 본다

숨결마다 깊이 젖은
아버지의 흔적,
고향에 간다
고향 찾아 간다

홀로인 날이면

비 내리는 창가에
앉아야한다

찻잔에 얹힌
잊혀진 날을 불러야한다

떠나간 날을 위해
절망을 다스려도 좋겠지

울어도 좋을

비 내리는 창가에
앉아야 한다

빛무늬를 흠모하는
등불의 갈기 끝에
비가 내린다

빗줄기에 계절이
스쳐가고 있다

기다리는 마음

꾹꾹
눌러 감추어도
동동 떠올라
시간은 왜 이리
더디 흐르는지
이십분 연착이라는 방송은
스무날 보다 길게 들린다
기다리라는 말
아득하기만 하다

이제 내 그리움은
더 이상 떠날 곳이 없다

마주보고 걸어오는 격정은
또 다른 이별 예감으로
그림자 늘이고

꾹꾹 눌러 감추어도
동동 떠오르는 그리움

가끔은
아파오는 것

약속은
그리움에 이르러 빛난다

서러운 것도
약속으로부터 시작된다

와르르 쏟아지는 질주로
언제나 빈자리로 남는 것

사랑을 알고부터
비로소 가끔은
아파오는 것

벚꽃 드레스

봄 햇살을 달래서
연분홍 꽃으로 피워냈거니

비와 바람이
서로 데려가려고 싸우다
놓쳐버려
길 위에 버려졌거니

한 잎 두 잎
곱게 모아
햇살로 실땀을 엮어
정성을 더 보탠다

바람 보다 빠르지만
사랑보다 느린
아픔
벚꽃이 진다

유년의 노래

한꺼번에 울리는 파장의 높이가
두려운 까닭에
가만히 주문을 외운다

때로는 혼절할 것 같은 그리움과,
때로는 허망에 묻혀나는 것

별 보다 더 고운 조각만 엮어
내 유년의 노래를 부른다

가혹한 세월

당신 어깨 위에
빠알간 단풍잎 하나
무등을 탑니다

무등 탄 잎새가
아들 아이이다가
딸애이다가

끝내는
가만히 놓아버립니다

그렇듯 모두
당신 어깨를 떠나버렸습니다

어쩌면
잎새 하나
무등 태우기도 힘에 겨운

가혹한

바람 앞의 세월이 되어

당신 앞자락을 스쳐갑니다

부부

돌에 살아온 이야기
살아갈 이야기를 새겨도 좋다

긴 세월 거느리며
굳건히 버텨온 돌에
해와 달의 그을림과,
세월의 흐름과,
당신과 나의 삶의 무게를 얹어
새겨도 좋다

내가 살아온 체온 속에
고운 꽃은 피어나고
삭막한 겨울에도
풍향계는 돌아가고

샛강에 젖은
기억을 말려도 좋다
이승에서 단 한 번 행복의 주문을 걸어
빈 돌에 새겨도 좋다

하늬 바람

은물결 쪼아대는 것은
물새가 아니다

하늬쪽 찬 입김 쓰다듬는
바람의 그림자
내 세월의 물결에 뜬다

세월의 물높이로 치솟아
끌어당기는 철새,
바람에 젖는다

하늬 바람
갈대로 남은
마지막 햇살 다독이고 있다

내 삶이

수직의 파문을 내면서
모래알 몇 개 구르는 동안
아무 준비도 없었던 내 삶이
살얼음을 건너간다

꽃길을 간다

꽃뱀이 간다
아카시아 숲이 그리워
5월의 뜰을 꽃뱀이 가고 있다

향기는 행인들에게 나누어주고
서둘러
안식의 도량을 엮어내며
꽃뱀이 간다

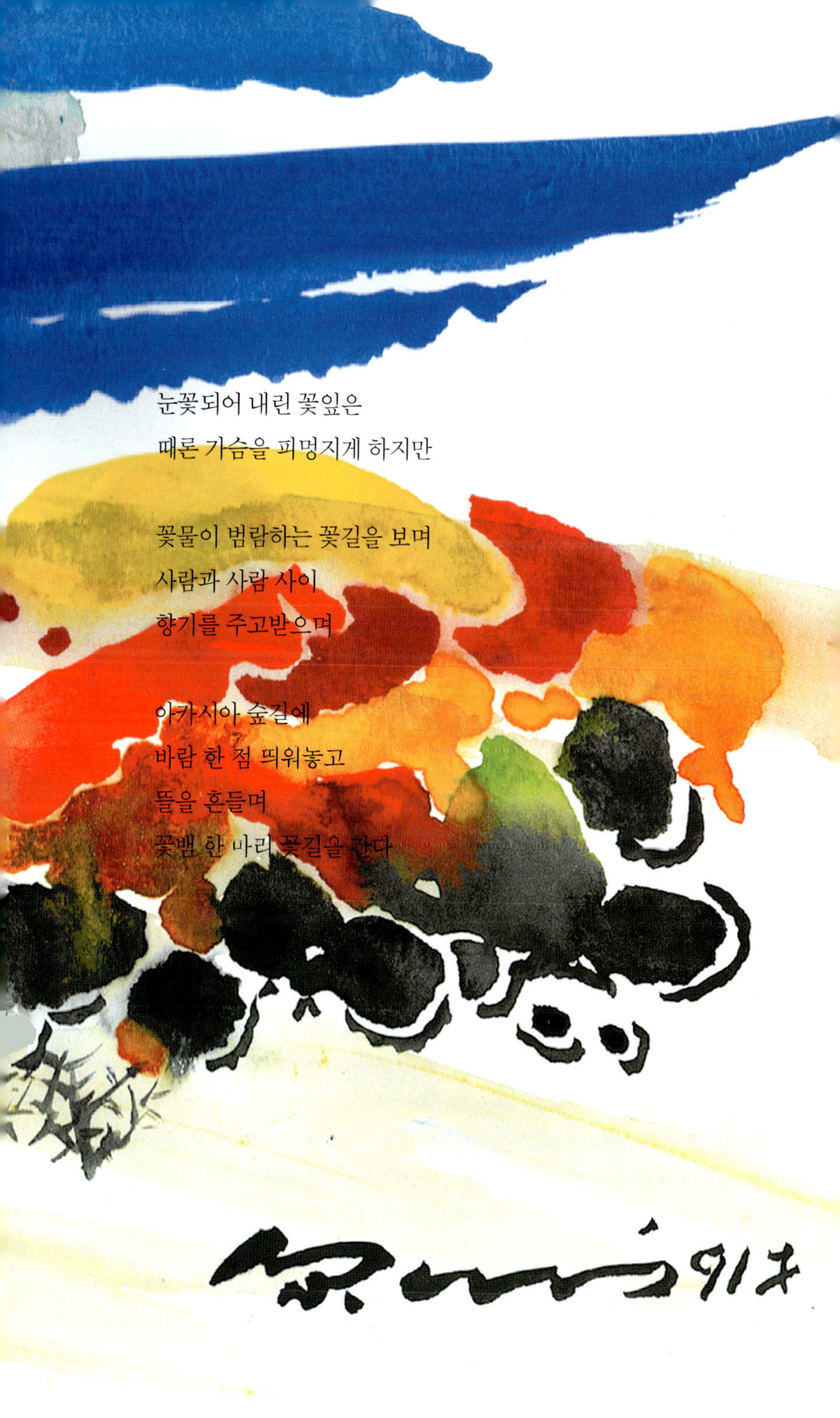

눈꽃되어 내린 꽃잎은
때론 가슴을 피멍지게 하지만

꽃물이 범람하는 꽃길을 보며
사람과 사람 사이
향기를 주고받으며

아카시아 숲길에
바람 한 점 띄워놓고
뜰을 흔들며
꽃뱀 한 바리 꽃길을 간다

겨울의 덫

눈 덮힌 산으로 구름 간다
세월이 저물어 가듯
시나브로 그렇게 간다

도시는 문명을 휩쓸고 간 뒤 삐걱거리고
삭막한 들판에는
시름만이 남아 등허리가 시럽다

소년 시절로 돌아가
냇가에서 버들피리 불고 싶다던
노老 화백의 간곡한 주문을 위해
세월을 되돌리고 싶은데

추억을 쓸어모아야하는 날에는
빈 들판을 달린다
눈 덮힌 산하가 구름 가듯 간다
바람과
시린 세월과 함께 간다

새, 비상을 서둘다

새는
비상을 서둘 것 같다

어디에 머물다
포효하는가
번뜩이고 있는가

은백색 나뭇가지를 오르며
하얀 깃을
부산스럽게 떨기도 하는데

축포처럼 일시에
물이랑을 박차는
새,
끝내 하늘 끝에 오르고 있다

꿈의 자리

마른 은행잎 아프게 뒹구는
삭막의 뜰에
추억 한 켠 걸고
꽃보다 고운 노래를 불러도
좋으랴

눈발처럼 하얀 밤의
울안에 찾아온
허상일 지라도
미소의 손을 내밀어도 좋으랴

몇 번이고 되울리는
영겁을 걸어놓고
조각난 흔적만이
뒹구는 자리에서
울어버릴까 조바심내며
가을 끝자락을
서성여도 좋으랴

구름끝 달맞이

산은
말 없음으로 빛이 난다

그 뜻
깊이 새겨

구름 끝
달맞이

산으로 간다
산 고개 고개 너머

다소곳 젖은 침묵,
가꾸는

구름끝
달맞이.

삶

가는 길 힘들다고
툴툴거리다가

고왔던 먼 날을 불러세워
쓸어 담는 그리움
요동치다가

가만히 눈을 감아본다

저무는 길
그림자 길어
허물도
담 너머로
되울져 지피면

별,
제 홀로 떨려나

묶음 둘

자운영 꽃밭에서

가기로 해요, 우리

등대가 길을 밝히고 있는 쪽으로
가기로 해요, 우리

노를 저어요
물길 가르며, 물길 따라
고운 미소 띄우며
가기로 해요, 우리

먼 바다 바라보며
겹겹이 두른 산 경치,
물새 울어대는 물길,
가기로 해요, 우리

구름에 묻힌 흔적의
그 운명을 좇아
가기로 해요, 우리

물길 막힌 지 오래지만

마음 속 깊이 묻어 둔 고향
속 깊이 느끼며
노를 저어
가기로 해요, 우리

평화와 사랑과
그리하여 너울너울 춤추며
가기로 해요, 우리

떠나와서

돌돌
결 고왔던
말아두고 싶은

돌돌
풀어대며
감아대었던

아마,
흔적을 지우지 못한 얼굴
그리움의 쪽빛 물결 일겠다

바람

그리우면
별을 헤아려도 된다

구름이라도 밀릴 양이면
노래를 불러도 된다

언제나 저만치 밀리어 있는 것
빌리었다
다시 떠돌아 우는 그것

그리우면
떠난 자리에서
밤으로만
내 곁을 떠돌아도 된다

단상

밤은
숲을 헤치고 논다

제 홀로
서러운 이야기를 풀면서

별 하나,
구름에 가려 요동친다
그리움 하나 운다

굽이치는 물소리
어디메쯤 나래 펴
노래라도 부를량인가

밤은
제 홀로 숲이나 헤치며 논다

하늬 바람 섞어친 날이면

하늬바람 섞어친 날이면
옥정호로 내 달릴 일이다

수심이 마음 가득 차오르면
도심을 떠나
산 그림자 물구나무 선
옥정호를 가만히 들여다 볼 일이다

무량으로 밀리는 생각을 여미며
흐르는 세월과 더불어
구절초의 애원을 엿들을 일이다

가을이 저무는 날이면
하늬바람을 운전 할
옥정호로 갈 일이다

겨울 기행

함박눈이 꽃 같은 날이었지요
바람 젖은 눈발이
차창 밖 만경평야를 뿌옇게 흐려 놓았고

눈을 소복히 머리에 인 정읍사 망부의 여인
조금 지쳐보였던가요

겹도록 아름다워 고적하던
혼불이 뜨는 문학관 뜰을 거닐다
바람이 시샘으로
내 옷소매 사이를 비집을 때
비로소 휘감긴 세월이 그리움이었음을 알았지요

우리가 묻어 둔 뜰에
다시 설화가 지면
흔흔한 자리에 꽃마중 나가면 되겠지요

첫눈 내리던 날

환상이었다

바람은 동화를 피우고
나무는 첫눈의 무게에 굴복하여
드디어 옷을 벗었다

나목과 동화의 나라에서 나들이 온
공주님과의 열애는
꿈의 촉수였나
삶의 살깆이었나

비밀리에 나눈 미소
사랑을 부르는 동안
다사로웠다

생각의 미닫이에 갇힌
내 사랑도
사진 속에 가두었다

바람 한 가닥이

빗장을 걸어둔 지 오래인 까닭에
녹슨
황량한 바람소리만
빈 뜰을 쓸어 간다

간혹 스치는
소스라치게 그리운
오래 전 이야기가 돌아가는 언덕배기

송사리떼 얼려 흐르는 물소리 따라
이미 떠나버린 친구의 가난한 속살만 남아
떠돌아대고 있다

모두가 떠나버린 빈자리,
바람 한 가닥
희끗희끗 뜰을 쓸고 있다

당신

가슴으로 타는
당신을 보고 있어요

내 인생의 마술사, 해결사이고 싶어했던,
아마 갈밭 바람이 나를 부추겨
더러 잊기도 했어요

오랜만에
물빛 배인 의식으로
생각에 잠겨 있어요

정토에 묻어난 빛살과 같이
무심히 밀리어 흥건히 젖은
빛의 갈기를 보고 있어요

가슴으로 타는
솟구쳐 흐르는 넓은 등을 보고 있어요

별빛 소묘

별이고 싶다
가슴에 묻어둔
별빛이고 싶다

머리끝에서
발끝까지
치잉칭 감아조이는
순결의 끈,
결 고운 학의 날개이고 싶다

어느 한 여름밤
눈에 활짝 선연한
저 산수국

손 잡아 이루어가는
별무리이고 싶다

해바라기 사랑

하늘 따라나서
당신 바라보면
당신은 햇살과 같이 웃어요

둥글게 원 긋는
밝은 호롱불되어
사랑으로 노래해요
믿음의 꽃잎 흔들어요

당신은 하늘만 보며 웃어요
언덕에 자리하고서
햇살과 같이 웃어요
믿음과 사랑으로 웃어요

세레나데

세월도 지워내지 못한 이름
누구에게 물어야 합니까

이미 화석이 되어버린
내 울밑에서 해체하면서
해방을 맞아야 합니까

별빛 쏟아져 내리는 강가에서
몇 줄기의 강물을 뿌리며
남은 체온에 떨고 있는 사랑을
나는 염주처럼 굴려야 합니까

그리움 걸면

물가였나
산기슭이었나

햇살 한자락 휘어감고
목을 빼고
기다리고 있었지

통기타를 뜯으며
술판도 아랑곳하지 않았지

저문 날
햇살 다소곳 쓰다듬어

저만치
싹이 트는 그리움

어느새
노을이 문 밖에서 서성이려나

사랑을 마시고 싶습니다

한 모금의 물을 마시듯
내가 필요로 하는
사랑을 마시고 싶습니다

이미 시렁 위에 얹어 둔
소중한 삶을
다시 풀어내기 위해
사랑을 마시고 싶습니다.

밭두렁에 앉았다 나르는
나비처럼
꿈의 간곡한 소원을 그리며
사랑을 마시고 싶습니다

물 한 모금의 사랑처럼
숨통을 트여주고
필요하면 빠져드는 늪이고 싶습니다

한 모금 단 한 번의 사랑을
물을 마시듯
그렇게 마시고 싶습니다

자운영 꽃밭에서

자운영 꽃밭에 담긴
향기의 너울로
너와 나
쓸어 담을 수 있다면

온몸에 불 지펴
향그런 이야기 엮어낼 수 있다면

한 모금의 향즙을 마실까
취할 수만 있다면

우리 함께
꽃밭에서 쏟아놓은 별빛을 줍자,
추억할 수 있다면

바람에게 몸을 맡겨
향기로 목욕할 거야
춤으로 고운 풍경 우려낼 거야

사시나무 숲속에는

사시나무 지핀 자리
바람일까
흐느낌일까

빗장 건
뒤란의 숲은
은빛으로 꿈을 꾸고

포도밭 담이랑 따라
방울방울 영그는
그리움이 그리움에게

꿈 조각 하나씩 나풀거리며
사시나무 가지 끝에
숲속이 흔들린다

아지랭이

봄을 기다리는 마음이다

밀려왔다
밀려가는 그것이
그리움이다

스무 살 딸의 마음을 묻고
볼에 핀 볼그레한 미소

아지랑이는
내 자리를 바라보기 위해
다시 피어오른다

봄날

햇살 고운 날
백양사 뒷뜨락 거닐다
찬 우물에 마음을 씻는다, 세심洗心

천진한 표정으로
빨리 꺼내 씻으라고 독촉하는 아내

머리부터,
가슴부터,
세파에 시달린 남편
표정이 사뭇 진지하다

이렇게 봄볕이 좋은 날은
나도
몸과 마음의 찌꺼기를
모두 꺼내어
씻어내고 싶다

봄비

달콤한 잠에 빠져있던 나를
가만히 흔들어 깨우느니 누구신가
자박자박
다가서는 그대

내 마음
그윽하게 만드는 그대

작은 일에도 감사하고
비록 가진 것 적어도
분수껏 나누며 살라고
시샘하지 말라고
소박한 삶을 가꾸라고
분별심 놓아버리고
향기는 향기로만 즐기라고

누군가 내게 나눈 따뜻한 말 한 마디
국수 한 그릇에도

오래 가슴에 담고 살라고
그러면서도
풀잎의 통곡소리에 귀 기울이며
올 날을 미리 걱정하지 말라고

방해 받고 싶지 않은
그대와 나만의 소통

내 마음 그윽하게 해 놓고
기약없이 멀어지는 봄비

봄 나들이

노을을 풀어 놓고
그 자리에서 놀까

매화꽃 피고
진달래 꽃잎 돋고

산수유 지핀 자리
그 자리에서 놀까

까치가 운다
철 지난
세월의 뒤란에서
꽃 그림자 보고 운다

노을 지펴놓고
강물 떠가는 바람,
바람의 손짓 보다 더 빠른
눈짓으로 지켜 놀까

묶음 셋

낙엽이 하는 말

벚꽃 팔십리

하동 포구 굽이굽이
휘감고는
새가 울더라
물새 울고 가더라

신작로 팔십리 길
벚꽃이 지고 있더라
계곡 따라 꽃잎이 떠내려 가고 있더라

범종이 오래도록 울고 지쳐가더라
쌍계사 뜰에서 쉬다
하동 포구 굽이 돌더라
고향이 어디냐고 맥없이 묻고 있더라

진정 동참할 수 없다

관광버스만 타면
노래하고 춤을 춘다

차창 밖에는
수국 잎새 푸르고
능소화 꽃망울이
꿈을 겨뤄보자는데

저렇듯
털어버리고 싶은 게 무엇일까

돌아버릴 듯 흔들어대는 저것이

춤은 더 격렬해지고
역광에 꿈이 아득히 부서져 내리고
세월이 제 홀로 가는 길에
나도 서 있다

노 화백을 위한 독백 · 1

- 하반영 화백을 뵙고

벼 벤 그루터기 상처로 남은
들판을 달려
할부지께 간다

해 바뀐 지 여러 날 흘렀건만
감기다, 관절이다
못가 뵐 이유는 하루에도 여럿이다

뇌종양으로 몸 한 켠이 어눌한 데
물감 중독으로 눈이 짓물렀는데
그려야만 잡념도 잊는다는
92세 청춘

새해 선물이라며 건네주시는
당신의 한恨과 눈물
무심의 배낭에 들어 있다

그 배낭 걸어매고 달인의 모습으로 홀연히

저 긴 강을 건너실까
마음 조이며
상처로 남은 들판을 달린다

자꾸만 시야가 흐려와
애꿎은 윈드브러쉬만 만지작거린다

노 화백을 위한 독백 · 2

할부지 젊은 날 영화판에서 엑스트라 한 이야길 하면
한 나절을 훌쩍 넘기고도 유쾌해 한다

모든 여인은 엄마의 씨앗이라며
엄마, 엄마하시는
애기로 돌아가고픈 할부지

새벽 5시면 눈 떠 촛불기도를 잊지 않으신다는,
그림은 독거노인을 돕고
어린이 가장을 돕고

당신을 뜯어낸 살점은
살다간 흔적이려나
흔적 한 데 모으는 일이려나

오늘도
촛불기도로 또 하루를 시작하겠지

적벽강에서

돌 하나씩
무심히 쌓아 두고
사무쳐 끝내 피를 토하더라

와야 할 사람 오지 않는
빈 자리를 두고
끝내 절규 하더라

둑을 따라 이름 모를 풀들이
이야기를 풀어놓고
바람이 곁에 앉아서 맞장구를 치는데

모두가 떠나버린
강바닥 넓은 자리에
토하다 지친 피가
주먹을 검붉게 그을리더라

짧아서 서러운 봄

바람이 분다고 가랴
미완의 생을 접고

세월의 뒤란에 서서
꽃그림자 보며 가랴

홀로 지고 마는 봄
마냥 괜히 서럽다

5월 속으로

언제였던가
내가
아카시아 꽃 하이얀 향기로
젖어 있던 때가

플레어스커트에 짧은 스카프,
앤 공주를 닮고 싶었다던가
신문 기자와의 사랑을 꿈꾸었다던가

5월 어느 산모롱에서 바람이 몰려와
꽃밭을 흔들어대면
뒤란에는
그리워서 서성이던 내 그림자가
무엇을 아파하고 있을까

친구야, 봄이 무르익으면

친구야
봄이 무르익으면
매화나무 아래 자리 펴고
매화꽃 차를 마시지 않으련

꽃이 좋아
꽃 필 때면
이부자리 가지고
꽃그늘에서 지냈다는
어느 선인의 멋을 부러워하면서

향그러운
봄 이야기 나누고
꽃가지에 떠오르는
달을 즐기지 않으련

매실주를 마실까
분위기 무르익으면

친구야
철 따라
꽃 피고 지는 이치를 깨달아
마음 비우는 연습도 하며

친구야
봄이 무르익으면
매화꽃 차를 마시지 않으련

화개장터 지나며

산길을 돌아돌아
녹차밭 만나고
개울물을 건너서 화개장터에 이르면

장터 입구에는
엿장수가 가위를 치고 논다

봄나물 파는 아낙이
입가에 베어 문 웃음,
벚꽃 백리 길을 다문다문 걸어서 온다

휘어로운 세월을 걸고
날아와 나누는 봄

복사꽃이던가
산꽃이 더디 돋아
섬진강 물 위에서 너울너울 춤을 추고

저만치 하동포구에는
산과 물이 봄을 다투고
바람은 고샅길 따라
인정을 훑고 가더라

새가 운다

새가 운다
도시의 새가 나를 수 없어 운다

사무치는 이름 부르면서
처얼철 내뱉는 피울음

꽃잎보다 빠르게 지고 만
꿈을 붙들고

도시의 새가
처얼철 피울음으로 운다

황혼이 서럽다

발이 작고 예쁘다고 하면
왜 하필 손도 아니고
얼굴도 아니냐고
조바심치던
꽃물 오르던 날들이 있었지

번져오는 엷은 황혼
작은 발로 버텨내기엔 힘에 겨워
더러는 비틀거렸지

스러지지 않으려고
디딥는 오늘
봄꿈은 멀고

빈 산을 채우는 메아리처럼 황혼이 늘어져
괜히 시리다

가을은

꽃 진 자리던가
은행잎 노랗게
바람에 젖은 가녀린 몸짓이던가

맨발로 달음질 쳐 가버린
옛 사랑이던가

당신 영전에 놓인
한 떨기 꽃이던가

푸른빛 숨결을 고르며 되사는
가을 산,
인고의 삶을 짊어지고 사는
하늘이던가

문패 없는 고택에서

대문에 들때까지
기척이 없다

지나가는 바람이
수레처럼 세월을 굴려
성애 낀 입김만이
늙은 집 어귀를 둘러싸고 있다

처마 밑에 숨겨둔 영화
아득한 날의 이야기로만 남아
시리게 시달린 세월
끝내 길을 잃고 있디

주인을 잃고
주인을 모르고
주인을 그리는 사람
문패, 없는 주인 되어본다
영욕의 세월을 곱씹어 본다

무심한 세월

푸른 나뭇가지,
푸른 풀잎의
빛살 고운 자리에서
나는 왜 아픔을 보는가

아이들의 웃음소리가
잔디밭을 뒹굴고
푸른 잎새 사이
뜨겁게 웃던 날이
아직도 생생한데

지표 없이 살아 온 자리
부끄러운 마음 하나
비파를 켠다

물가에서

물가에 가면
조약돌이 쓸리는 물가에 가면

감꽃
대추꽃
밤나무꽃 거느린
꿀벌들이 풍경을 건드린다
향그러운 물가,

정 나누면
물그림자가 부끄러
거꾸로 걸어가는

물가에 가면
물가에서 사랑 뜨개질 하는
과일밭을 만난다

낙엽이 하는 말

한여름 내내 들판에서 허리 휘게 일했지만
돈 몇푼 손에 쥐어보지도 못하는
농부는 허기진 마음을 앓는다

논 팔아 밭 팔아
소 팔아서
공부 시킨 자식
대처 나가 아이들 과외 시키고
동화책 번지르하게 책장에 꽂아주며
IMF보다 지금이 더 힘들다 한다

동네 어귀 모정에서
겨울나기 걱정하는 노인들을 위해
돈이고 싶다

쓸어도 쓸어도
또 떨어져
진종일 매연만 마시며

비질 해대는 청소부 아저씨를 위해
돈이고 싶다

아파도 병원 못가는 영수 엄마
곧 닥칠 추위에도 돌아가 쉴 곳이 없어
거리를 헤매는 영님이 아빠
가족에게 조차 버림받은 노숙자 양반,
모두를 위해
돈이었으면 좋겠다

외롭고 가난한
세상의 이웃들을 위해
돈이었음 좋겠다
돈이고 싶다, 낙엽

벽시계

무슨 염원을 담아
밤을 새워 달그락거리는가
주문이라도 외는건가

잃어버린 시간,
기억 밖으로 밀리어버린
먼지 낀 이야기들
바늘에 꽂혀
어느 시절을 달그락거리는가

꿈의 나락,
불면의 밤을 선회하면서

까닭없이 우는
잃어버린 능선에서
구름처럼, 꽃구름처럼

압류된 삶

이유도 묻지 말고
울지도 말고

그 보다 더 소중한 것
정갈한 목소리 하나 만으로
사랑을 걸어두고

추억은 물기로 어리는 것이 아니라
흔적으로 남는 것
한 줄기 노래로 묻어도 좋은 것

소소한 바람이 일면
일몰일 거라고
그래서 움직일 수 없다고

그 때에 압류된 삶을 물을까

팽이

팽이가 돈다
둥글게 살자고
원무로 돈다

어디가 끝이고
어디가 시작인가
몸을 털고
마음의 지느러미를 털고
둥글게
둥글게 살자고 한다

돈다
세월은 가고 오는 것
문득 돌다보니
그냥 아픔이지만

그것마저 지워내고
원형의 둘레에서

팽이가 돈다

둥글게 살자며 돌고 있다

나이 들어가며

파도가
내 잔등을 후려칠 그 때에
그리움 하나 낚아 올려도 되는가

모래사장은 세월에 밀려
희끗희끗
눈을 흘기고

오래도록 잊고 살았던
내 삶의 울 밑에
몇 개의 순수를 짜 늘여도 되는가

손가락 걸었던
은밀한 약속도
오래 묵혀둔 기왓장처럼
바래지고

아마

어둠이 쌓인지 오래인
침묵의 무게만큼
아주 하얗게 눈이 쌓인 거리,
그 거리를 걸어도 되는가

묶음 넷

죽음의 수용소

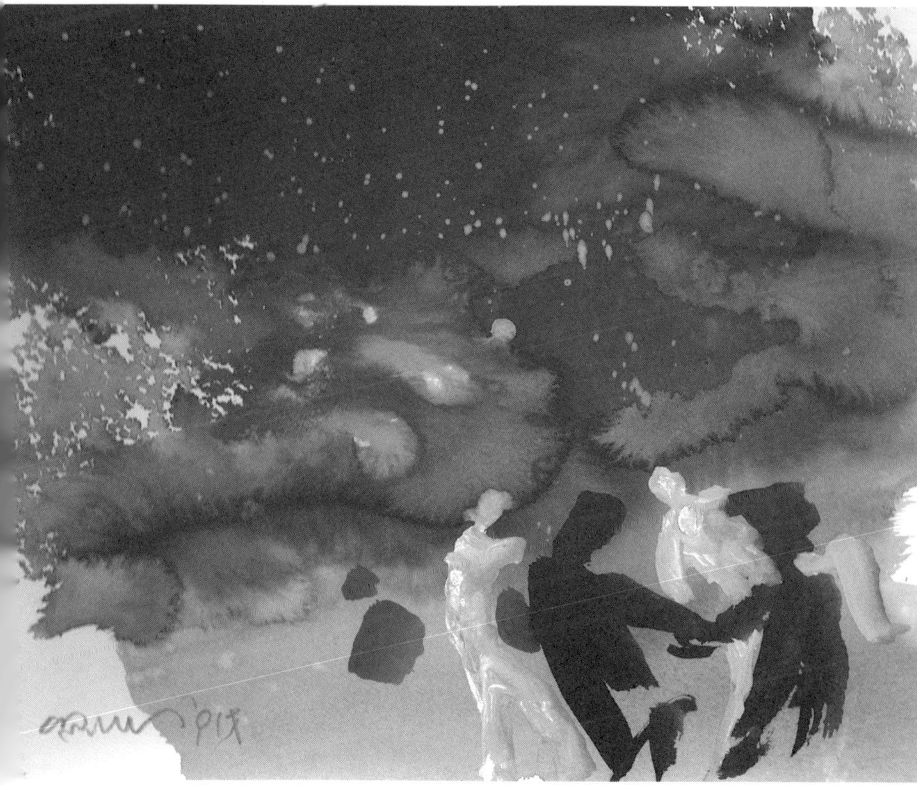

청동 거울보며

무엇을 챙길까
마음 궁그리다가

누천년 세월 없은
청동거울 바라본다

무엇을 섬김 두고
무령왕을 외우는가

언젠가 다시 부를 이 터전 앞에
오랜 인연의 끈 엮은 자리본다

백제의 푸른 기상
일본 왕실 키웠는가

고대사 빚은
청사 빛난 자리거니

청동거울 앞에
두 손 모아 기원 담으면

햇살 저무는 뜰
다소곳 역사의 진실 담고 있더라

사랑의 내력

언제나 그러하겠지만
나의 고백을 묻는 동안에
내가 살아온 공간에
왜 어진 꽃 피워 올리지 못했나
서글퍼 하고 있다

개구진 웃음과 어리광을
왜 사랑으로 다스려주지 못했나
지금 경건한 아픔으로 사무치고 있다

기도를 펼치면서 부르는데
품을 벗어나
돌아올 줄 모르고

그리하여
멀찍이 밀리는 것이지만
언제나 후회를 남기는 것이지만

나는
서글픈 내력을
고단히 쓸어내고 있다.

우리 힘든 날에는

삶이 힘들게 느껴질 때는
우리 함께
선술집 문지방을 그리워하기로 해요

빈 하늘 우러러
한 모금의 연기라도 날려버리도록 해요

야경을 지키는
무심한 달빛을
오래도록 바라보기로 해요

분노로 치닫는 날에는
물고기의 비늘로 떠도는
선술집 문지방을 넘어
밤 새워 잔을 비우며
시름마저 나르기로 해요

더러는 선술집 문지방을

그리워하며

그렇게

함께 노을을 영접하기로 해요

철 없는 장미

심장을 잃어버린 장미가
가을 끝자락에 피었다

붉디붉어서
더 이상 화려하지도
찬란할 줄도 모르고

꺼져가는 명줄 붙들고
처연해 있다

내 심장이
추위에 떨고 있는 장미 곁에서
뚜욱뚝 피 흘리고 있다

넝쿨 장미

향기 돋우며
어디 만큼
뻗어갈 심산인가

이슬 적신 가슴이
뿜어내는 시어詩語를 엮으며

성근 별줄기와 얼굴 맞댄 세월,
세월만큼
어디쯤 뻗어 갈까

맑은 하늘 쳐다보며
고운 자태로
사랑을 건너가면서
어디만큼 뻗어갈 것인가

거울 앞 단상

거울 앞에 앉습니다
화장을 하지 않는 건
만나는 사람에 대한 예의가 아닌 일이지만

입술을 그리고
살짝 입꼬리를 올려봅니다
거울 속에서 여인이 웃어줍니다

손을 내미니
그 여인도 나를 향해
손을 내밉니다

그렇습니다
먼저 웃고
먼저 손 흔들어 줄 때
비로소
웃어주고
손 흔들어 주는

거울 속 여인처럼

사람과의 관계도 그런 거라고
거울이 일러줍니다

죽음의 수용소

교통사고로 두 다리가 잘린
황혼녘의 낙타 눈빛을 닮은
위층 총각은
아침저녁으로
자살 소동을 벌이고

횡단보도가 아닌 곳을 건너던
옆 침대 아줌마는
어깨가 부러져
쇠심을 여섯 개나 박아
그만하기 다행이라고
하나님께 영광 돌리며
보험료 계산을 한다

장미 가지가 부러져 피 흘리듯
다리가 부러진 나는
한 평 남짓한 병실 침대가
언제 관으로 변할지 모른다는

불안감을 안고
웃어야 하는가
울어야 하는가

이
수용소 안에서
나는 잠언을 외운다

병동

하반신에 쇠심을 박고
1년을 살았는데
쇠심 뺀다고 다시 마취를 한다

내 남자는
당신은 철이 들어 보기 좋았다며
웃어주고

나는 그냥 철없이
철들지 않고 살면 안될까

어슴프레 달빛 내릴 때
병원을 빠져나가
오골계에 더덕무침,
산삼주를 마셨다
아픈 다리 어딜가고
주선酒仙의 경지라

철없는 다리에
철들지 않는 행복놀이를 한다

더러는 가짜 환자가 그립다

왼팔 인대가 끊어져
수술한 아주머니

손목 터널증후군으로
양손을 못쓰는 아줌마

골다공증이 심해
사족을 못쓰는 할머니

나는 쇠심 빼는 수술로
다리를 절룩인다

골다공증 여든 노인
화장실 나들이에
절룩이며 휠체어 끌어다 놓고
아무래도 자신 없어 망설이고

휴지 달라,

수저 갖다달라,
나는 절룩이며 혼자 바쁘다

가짜 교통사고 환자 한 사람만 있다면
내 신세
이것보단 나을려나

이별의 장

삼베 속옷에
분홍 저고리 옥색 치마
고운 꽃신 신고

저승사자도
고운 모습에
무서운 얼굴 풀었는지

아슴한 얼굴에
아직 체온이 남은 듯한데

봉분 사이로
숨어 있던 빗살이
성큼 다가오네

큰 자식 먼저 보낸
한을 실은 까마귀
까악까악 처량하고

내 마음은
앞산의 구름과 안개를
길어 올리네

진실 게임

청렴결백한 공무원과
제일 더럽고 악질인 선생을 비교하면
그래도 악질 선생이 깨끗하다는
그 슬픈 현실,
늦가을 비가 내린다

잘나가는 공직자 중에
모기업 돈 안 먹은 놈 있냐는
확신에 찬 한 마디가
가슴을 후벼판다

공직자 중에 사랑하는 가족을 둔 나는
비를 맞으며,
그 비는 뼛골을 스미고
비로소 가슴으로 와 무너져 내린다

이별 연습

누가 먼 길 가는가

흔들리는 듯
신음은 밤거리를 쓸고
손 끝 하나 움직일 힘이 없어
목석되어 있는데

누가 떠나간다 하는가

사랑하는 사람들 모두 남겨두고
제 서러움에 겨워 가슴 찢으며
거부할 수 없는 힘에 이끌려
사랑을 부르며
사랑에 목메여 하면서

누가 아주 먼 길 떠나간다 하는가

딸을 보내고

귀양살이 보낸 것도 아닌데
왜 이리 아픈가

딸의 빈 방이 종일 내 꼬리를 따라 다닌다
온 집이 터엉 빈 듯하다

책상, 오디오, 옷장
어느 하나
손 때 묻지 않은 것 없는데

방에 불은 꺼지고
귀를 울리던 음악이 그쳤고
옷장도 비었다

딸 채취 맡으러
침대에 누우니
머리올이 흘러 있다

홀로 남겨진 외로움
덜어주려는 마음
기어이 울어버린다

네가 오면

네 목소리
들꽃 향기인가
결 고운 휘파람새 선율인가

다니러 오겠다는
그 한 마디
행복의 중독이란 이런 거구나

빛나는 너의 미소,
젊음
쉼 없이 솟는 샘물로
깨어있게 하고

내 가슴 가득 채우는
네가 있기에
얼마나 풍요로운가

내 사는 곳으로 네가 오면

손 잡고
서산마루의 감꽃 노을을 보자
축복의 하늘
희망의 별을 안아도 보자.

세월

아마도
바삐 지난 것
구름 같다
구름 지난 별 같다
쉰 고개에 다다르다니

산청청
푸른 기상 가꾸었던 날
먼 일인 듯
아득하더니

바람 젖어
주욱 죽
늘려 놓은 회한

영혼을 묶어 둔
마음의 이랑이거라

주문으로 남아
가슴을 앓는 것
또한 세월인데

길은 거기서 시작되려나

작은 소망

빙빙 돌아라
물레처럼

담으로 기어오르는 나팔꽃의
미소를 쓸어안고 돌아라

바람이 불어
물결을 잠재울 때 까지
내 삶의 테두리 안에서 자꾸 돌아라

산등성이 곱게 물들이는
감꽃 바라보며
빙빙 신나게

돌아라, 희망을 자아내는 그날 까지
빙빙 돌아라
물레처럼 돌아라

동감

달콤한 바람
투명한 햇살이지요

엘리베이터에서
이웃집 할머니를 만나고
어디가냐기에
강의도 듣고 책도 읽는다고

강의 들어도
돌아서면 금방 잊어버리겠지요

할머니 손잡고
마주보며 웃지요

묶음다섯

구름끝 달맞이

계절이 간다

산길 따라 오르면
자작목 그늘이 맑은 물 위에 뜨고
산길을 안내하는 풀벌레 소리
골짜기를 밝혀준다

엊저녁 달빛과 더불던
잃어버린 이야기와

지난 겨울이 얼려놓은
빙판을 녹여준다

부질없다고 부질없다고
세한을 맞서는 새 한 마리,
푸드득 벽공을 가르고 있다

산정에 오르며

까마득한 날
그 날을 부르며
산정에 오른다

치자꽃이 닦은 산길을
송알송알 머루알이 땀을 달래며
사는 법을 이른다

저만큼 서성이는
싸릿대 외로운 자리 지나서
산정에 오른다
되돌아보며

부처님 오신 날에

내가 나에게 종교를 물으면
잠정 불자
오늘도 산으로 간다

풀꽃을 반짝 웃게 만드는
햇살이 좋아
나뭇잎도 일렁이게 하는
바람이 좋아
꽉 찬 나무들 사이로 언뜻언뜻 보이는
하늘빛의 푸름이 좋아
산에 간다

건강에 좋은 건
산 속에 있다고
산길을 동행삼아
더 깊이, 더 높이
산을 오른다

슬그머니 자리보아
활자를 펴들기도 하고

책 그늘에서 하루가 저물면
수확의 기쁨 나누고

먹는 사람보다 캐는 사람이
더 건강하다며
기쁨 누리지 못하는 이에게
선뜻 나누는
산사람의 산내음을 품고

산은 내려놓는 마음 어루고
비우는 마음,
나누는 마음 가르치는
더 넓은 도량이다

풍경

입춘이었을까

통도사 뜨락 풍경은
매화꽃 지핀 자리에서만
꽃따라 울더라

뎅그랑
뎅그랑
천년을 불러
목탁 소리로
어울어져 울더라

하이얀 눈에 쓸린 뜰이
매화꽃을 재촉하는

서리서리 인연 따라
이 골짜기 먼저와 저 같이 울더라

눈과

사람과

나무와 바람과 같이

초연한 그 자리에서

통도사 풍경은 저렇게

정겹게 울더라

천은사에서

얼마나 많은 걸 견디었기에
물소리마저 저렇게
오열로 신음 하는가

세월의 뒤란에서 떨고 있는
굽이쳐 흐르지 못한 저 물이
땅 속에서 아우성치고

마른 물줄기 위로 구르는
조약돌 몇이
이끼낀 세월을 되씻고 있다

동백나무 극락보전 그 앞에 서서
염원하는 무엇은
누구의 한숨인가

깊이 묻혀
아우성치는

물소리와 어우러져

바람은 대웅전 앞에 멈춰서다
숲으로 가네
풍경이 우네

범어사

돌 하나의 무게보다
더 무겁게
침묵은 산자락에 맴돌고
말 없음으로 경건한데

대웅전 주춧돌
네 귀 마다 하나가 되어
원무보다 얇게 떠도는
풍경소리

범종은
가슴으로부터 운다

누가 이 도량의 무게로 와서
바위를 억누르는가
침묵한지 오래인 까닭에
말을 건넨다
누가 이 자리에 서 있는가

범어사 보리수나무

월계관을 쓰고는
보리수가 춤을 춘다
목탁소리를 거느리고
아이가 간다

범어사 보리수나무 하나가 춤을 춘다

용궁사 가는 길

돌 속에 들어 앉은 선사의 길을 따라
동자의 맑은 눈빛
마음길을 간다

해조음이 풍경소리로 와서
한 층계
또 한 층계
딛고 넘는 백팔마디

솟구쳐 흐르는
파아란 물소리를 듣는다

대웅전 문전 건너가는 구름다리
구름을 호명하여
무심으로 건너간다

절망이 행복으로 와 닿던 순간

산길을 걷다가
화장실 가고 싶다고
남편에게 슬쩍 뜸을 들였네

온 천지에 널렸는 여기가 그 곳인데
무이 걱정이냐는
무뚝뚝한 한 마디에 난감해진다

후미진 자리를 찾는
그 잠깐 사이
고사리도 취나물도
봄바람에 나풀거린다

IMF가 바꿔놓은
여기가 바로 내 낙원인데
산 속의 모든 살아있는 것들에게
세상에서 나만큼 행복한 이 있으면
나와 보라고 외친다

술동이 등에 업은 시인 곁에서

울창한 숲 사이
길이 열리고
세시歲時가 굽어본
빈자리
태안사 입구에 들면

술에 취해
길을 떠돌다간
시인 조태일,
그 삶의 체취 묻고 싶네

술과 정,
민주를 위한
고독한 행보를 묻고 싶네

떠난 사람
남긴 흔적 쓰다듬으며
물줄기

유장의 숨결로 떨고

나뭇가지 사이로
바람이 머무는 숲, 그 길 너머로
아마, 태안사 풍경은 운다
제 홀로 운다

메아리로 피어오르는 고향 언덕

메아리로 피어오르는 언덕
어린 꿈이 뛰놀던 자리다

꽃잎은 흩뿌려지고
반딧불이 밝아오고
바알갛게 홍시 하나
화롯가에 나누던 이야기를 듣는다

투망을 던져
옛 일을 낚아올리면
열망은 긴 꼬리로 흔들리며
바람에 씻기우고

추억이 피어나는
고향의 뒤란에서
어린 꿈이 뛰놀던 먼 자리를 들치고 있다

산

명절을 앞둔 산은
고즈넉하다

앞서가던 꼬맹이가 발랑 드러누워
발가락을 핥는다

밤송이가 떨어져 있다
한 알 두 알
올려다 보는 하늘

세월아
아픈 채로 붙들지 못해

다람쥐가 겨울을 호명하고

왜,
다람쥐가 하늘 놀이를 한다

산으로 가자

풀잎이 연가를 엮어내고
물소리 초록이 살아 흐르는
산으로 가자

벌이 없으면
과수농사는 어찌될 것이며
생태계는 어쩌구
최대한 연결고리를 엮자

꿀 없으면
우리가 캐는 더덕은
어디에 재어먹냐는 한마디에
술 담궈 먹으면 될 것 아닌가,
풋풋한 웃음을 웃자
웃음을 웃자

산으로 가자
언젠가 돌아 갈 길을

예행연습 하자

동심처럼
그렇게 웃으며
산으로 가
삶으로 돌아가는 연습도 하자

상념의 한 자락

그렇지
생각이 고향 언저리에 이르러면
아버지 손에 이끌려
고갯마루를 오르던 일
그 언덕이
내 꿈의 소중한 확인이겠지

물가에 이르러
송사리 떼 지어 지나는 풍경은
또 하나
빗장을 걸어 맨 기억을 두고
하나 둘
내 삶을 골라내는 일이겠지

느티나무 드리운
모종에서의 정든 이야기 묻어나면
사랑도 베이겠지

세월이 뉘엿뉘엿 저무는 날에도
고향을 부르는 건
내 가장 소중한 추억의 한 자락을
들추어내는 일이겠지

산에 오르며

솟구치는 소원이 간절하여
산에 오른다
바람이 비수처럼 파고들어도
옷섶을 여미며

빈 가슴을 닦아내고
싹 틔우는,
산

일심으로 굽어보고 더불어
일어서게 하시어
손을 잡아 주소서

엄숙하게 박동하는
큰 바위의 주름
치렁치렁 얽어맨 검버섯
더불어
휘어차고 내리실

그렇듯
소원이 간절하여 솟구치다가
산에 오른다

산에서 보내는 하루

산에서 보내는 하루는
들판과의 인사
싱그런 나무와의 악수
초록 바람과의 사랑
푸른 하늘과의 밀약,
들꽃과의 입맞춤
그리고
기
다
림이다

금새 옷을 갈아입는
들판과 나무와 바람과 하늘
구름….
그리고 들꽃을 관장하는
오직 유일한 감탄사, 하늘의 밀약

홀로 가는 길

오솔길 따라 산에 오르면
햇살은 그늘에 묻혀버리고
물소리
땀에 젖어 쉬어가라 하네

먼저 와 자리 잡은
산새가 지저귀면
동무도 필요 없다
한 잔 한 잔
세월을 마시네

굽이굽이 돌아온 바람에 기대어
귀를 열어두네

쓸고 닦아 올라선 세월의 뒤란

구름은 밑등에 간지름 먹여
상수리 도토리를 떨구고 가네

| 작품해설 |

삶에 대한 단상과 잔잔한 물결

- 김애경 시집 『새, 비상을 서둘다』를 읽고

김신영 | 시인 · 홍익대 강사

| 작품해설 |

삶에 대한 단상과 잔잔한 물결

- 김애경 시집 『새, 비상을 서둘다』를 읽고

김 신 영 | 시인 · 홍익대 강사

김애경의 시집 『새, 비상을 서둘다』는 삶에 대한 통찰과 이에 대한 단상들을 잔잔하고 담담한 필치로 그려내고 있다. 삶이 주는 희로애락은 인생의 가장 큰 부분을 차지하고 있는데, 특히 김애경의 시에서는 이러한 삶으로부터 오는 바람이 대단히 크게 그려져 있다. 나라를 지키는 군인에게 있어 삶은 전쟁이며, 학생들을 교육하는 교사에게 있어 삶은 배움이며, 나라를 좌지우지하는 정치를 하는 정치가에게 있어 삶은 거짓말이고, 자본으로 세상을 평가하는 경제인에게는 삶은 돈이며, 연기로 늘 무대에서 연기를 해야 하는 연예인에게는 삶이 연극

이다. 우주의 온갖 진리를 고민하는 철학자에게 삶은 고뇌이고, 아직 청운의 꿈이 많은 청년에게 삶은 도전이라고 한다. 이에 테레사 수녀는 그의 글을 통하여 삶에 대하여 여러 가지로 표현하였다. 테레사 수녀는 삶을 기회로 보고 이 기회에 은혜를 받으라고 말한다. 또한 삶은 아름다움이니 이 아름다움을 찬미하라고 말한다. 그리고 삶은 기쁨이니 이 기쁨을 맛보며, 삶은 꿈이니 이 꿈을 실현하라고 말한다.

삶은 이처럼 처한 상황에 따라 그 의미가 달라지는 것이며 사람에 따라 의미가 달라진다. 그러나 궁극적으로 인간은 삶을 통하여 행복을 추구한다고 할 수 있다. 이에 김애경도 그의 시집 전반을 통하여 행복을 추구하는 삶을 드러내고 있는 것이다. 때로는 우울하고, 서글프기도 하지만 때로는 기쁘고 행복한 시간도 드러난다.

비 내리는 창가에
앉아야한다

찻잔에 얹힌
잊혀진 날을 불러야한다

떠나간 날을 위해
절망을 다스려도 좋겠지

울어도 좋을
비 내리는 창가에 앉아야한다

빛무늬를 흠모하는
등불의 갈기 끝에
비가 내린다

빗줄기에 계절이
스쳐가고 있다

-「홀로인 날이면」

사람들은 홀로 있게 되면 자신의 내면 깊숙이 들어있는 자신과 조우하게 된다. 시끌벅적할 때는 결코 볼 수 없는 그 '내면의 나'는 늘 홀로 있을 때 모습을 드러낸다. 유치환은 이러한 본래의 나를 만나기 위해 '사막의 아라비아로 가자'고 외쳤으며, 윤동주는 이러한 나를 만나고는 '잎새에 이는 바람에도 괴로워'하지 않았던가? 자신을 만나는 것은 이처럼 아주 극적인 장면이라 할 수 있다. 가볍게 자신을 만날 수도 있지만 본질적인 나를 만난다면 그것은 대단히 극적인 사건이 되는 것이다. 이 사건은 그 사건에 그치는 것이 아니라 그의 詩想 전체를 지배한다고 할 수 있다. 유치환은 아라비아의 사막에서 만난 본질적인 자신으로 인하여 의지적인 시인으로 일생을 살았으며, 윤동주는 우물을 보고 자신을 발견하며 부끄러움을 말하지 않았던가? 본연의 자신을 만나야 의미있고 가치있는 삶을 다시 정립하게 될 것이다.

도시의 삶은 늘 북적이고 사람들 사이에서 상당히 바쁘게 진행된다. 도시에서는 사람뿐 아니라 자동차도 많아 이로 인한 여러 상황이 도시적 삶을 살아가게 한다. 그래서 홀로 있어 외로운 날이면 찻집에 앉아 볼 일이라고 서정적 자아는 말한다. 이 시에 나타난 서정적 자아는 비가 오는 날에 창가에 앉아서 찻잔을 앞에 두고 잊혀진 날을 불러내고 있다. 잊혀진 날이란 기억하고 싶었던 추억들의 한 장면이다. 추억은 잊혀졌지만 그리움은 남아 서정적 자아를 시상에 잠기게 하고 자신을 만나게 하는 중요한 요소이다.

또한 그 날들은 절망을 하던 순간들도 있다. 이러한 날들까지도 모두 가버린 지나간 시간은 결코 되돌려 볼 수가 없다. 그리하여 절망을 다스릴 수 있는 시간이 된 것이다. 절망은 키에르 케고르가 말했듯이 '죽음에 이르는 병' 이다. 절망을 하게 되면 인간적 모든 욕망을 포기하게 되며 결국은 죽음에 까지 이르게 하는 것이다. 이러한 절망의 나날이 지나고 그 절망을 다스려도 되는 날이 왔다. 그러한 절망에 빠져 있던 날을 되새기면서 본질적인 자신을 만나고 있는 화자가 등장하고 있는 시이다.

은물결 쪼아대는 것은
물새가 아니다

하늬쪽 찬 입김 쓰다듬는
바람의 그림자
내 세월의 물결에 뜬다

세월의 물높이로 치솟아
끌어당기는 철새,
바람에 젖는다

하늬 바람
갈대로 남은
마지막 햇살을 다독이고 있다

-「하늬바람」

물가에 이는 은물결을 쪼아대는 것이 '물새'가 아니라는 부정으로 시작되는 이 시는 은물결을 만들어 내는 것은 '하늬바람'이라는 단정을 내린다. 그것은 단순한 하늬바람이 아니라 서정적 자아의 세월의 물결에 뜬 바람이다. 그 바람의 고단함과 기쁨을 다 아는 고로 물가의 물은 은물결을 아름답게 쏟아내어 비치고 있는 것이다. 결국 아름답게 반짝이는 은물결을 통해 하늬바람은 새롭게 태어나고 있으며 '마지막 햇살을 다독이는' 것으로 그의 임무를 다하고 있다. 하늬바람의 임무는 갈대처럼 흔들리는 자의 바람을 다독이는 것이다.

꾹꾹
눌러 감추어도
동동 떠올라
시간은 왜 이리 더디 흐르는지

이십분 연착이라는 방송은
스무날 보다 길게 들린다
기다리라는 말
아득하기만 하다

이제 내 그리움은
더 이상 떠날 곳이 없다

마주보고 걸어오는 걱정은
또 다른 이별의 예감으로
그림자 늘이고

꾹꾹
눌러 감추어도
동동 떠오르는
그리움

-「기다리는 마음」

위의 시에 표현된 김애경의 그리움은 기차가 연착되

는 시간을 배경으로 그려지고 있다. 기다림이란 본래 사람을 애태우는 속성을 갖고 있다. 그 애타는 정도에 따라 기다리는 대상에 대한 화자의 기대의 양이 내재된다. 20분의 물리적 시간은 짧지만 화자는 그 20분이 20일보다 긴 날처럼 들린다. 그리움의 정도가 깊음을 의미하는 것이다. 화자는 기다리는 행위로 인하여 자신의 그리움을 되짚어 본다. 그것은 떠날 곳이 없다는 것으로 표현되고 있다.

어딘가로 가야할 곳이 없다는 부재의 현상은 인간 의식의 중심에서 늘 고통의 요소로 인식된다. 가야할 곳이 없다는 화자의 토로는 모든 인간에게서 공통적으로 발견되는 불안의 요소이다. 심리적으로 부재의 상황은 그만큼 인간에게 지대한 영향을 끼치고 있는 것이다.

달콤한 잠에 빠져 있던 나를
가만히 흔들어 깨우는 이 누구신가
자박 자박
다가서는 그대

내 마음
그윽하게 만드는 그대

작은 일에도 감사하고
비록 가진 것 적어도

분수껏 나누며 살라고
시샘하지 말라고
소박한 삶을 가꾸라고
분별심 놓아버리고
향기는 향기로만 즐기라고

누군가 내게 나눈 따뜻한 말 한마디
국수 한 그릇에도
오래 가슴에 담고 살라고
그러면서도
풀잎의 통곡 소리에 귀 기울이며
울 날을 미리 걱정하지 말라고

방해 받고 싶지 않은
그대와 나만의 소통

내 마음 그윽하게 해 놓고
기약 없이 멀어지는 봄비

-「봄비」

세월은 계절의 순환에 있다. 봄이 되어 비가 내린다. 시간은 다시 봄을 맞았다. 봄의 달콤한 잠에서 깨어나게 한 것은 '자박 자박/다가서는 그대' 인 봄비였다. 봄비의 소리는 화자를 잠깨울 뿐만 아니라 화자를 '그윽하게' 만들어 놓는다. 그는 화자에게 존경의 대상이다. '나' 를 흔들어 깨우는 이 '누구신가' 로 봄비가 존경의 대상임을 표현하고 있다. 봄비는 사람뿐만 아니라 세상의 만물을 깨운다. 겨울의 깊은 잠에서 만물을 깨어나게 하는 것이 봄비이다. 또한 봄비는 홍수처럼 천지를 뒤흔들면서 내리지 않는다. 소리없이 가늘게 내리는 것이 대부분의 봄비이다. 사물들은 그 소리를 들으며 봄이 오는 것을 느낀다. 봄비의 소리를 봄이 오는 소리라고 여긴다. 사물이 봄을 맞아 생명이 움트면서 시작되는 약동의 봄에 내리는 비는 분수를 지키며 살아가는 것과 시샘을 하지 말라는 당부와 소박한 삶을 살라는 당부를 화자에게 말을 건넨다. 화자는 봄비로 인하여 넉넉하고 소박하며 여유를 가진 새로운 사람으로 다시 태어난다.

당신 어깨 위에
빠알간 단풍잎 하나
무등을 탑니다.

무등 탄 잎새가
아들 아이이다가
딸애 이다가

끝내는
가만히 놓아버립니다

그렇듯 모두
당신 어깨를 떠나버렸습니다

어쩌면
잎새 하나
무등 태우기도 힘에 겨운

가혹한
바람 앞의 세월이 되어
당신 앞자락을 스쳐갑니다.

-「가혹한 세월」

이 시는 가을이 되어 떨어지는 단풍잎을 무등을 탄다고 재치있게 표현하였다. 무등을 타는 것은 본래 어린아이들이라 그것이 아들이기도 하고, 딸이 되기도 하여 무등을 타는 단풍의 모습에 흥미를 드러내다가도 '끝내' 놓아 버리는 것으로 무등을 타던 단풍의 유희는 끝이 난다. '당신' 의 어깨위에서 무등을 타던 잎새들이 모두 떠나간 세월을 몹시 안디까워하고 있다. 여기에 등장하는 당신은 아마도 부모님일 가능성이 가장 크다. 부모님은 무심한 시간 속으로 떠나가 버렸기에 그 안타까움이 더한 것이다. 시간은 앞으로 가기만 할 뿐 다시 돌아오지 않는다. 이러한 세월이 가혹한 세월일 것이다. 어쩌면 인간은 모두 시간여행을 하는 나그네인 것이다. 앞으로 가기만 할 뿐 옛 시절로 결코 되돌아갈 수는 없다.

동네 어귀 모정에서

겨울나기 걱정하는 노인들을 위해
돈이고 싶다

쓸어도 쓸어도
또 떨어져
진종일 매연만 마시며
비질 해대는 청소부 아저씨를 위해
돈이고 싶다

아파도 병원 못가는 영수 엄마
곧 닥칠 추위에도 돌아가 쉴 곳이 없어
거리를 헤매는 영님이 아빠
가족에게 조차 버림받은 노숙자 양반
모두를 위해
돈이었으면 좋겠다

외롭고 가난한 세상의 이웃들을 위해
돈이었음 좋겠다
돈이고 싶다. 낙엽

-「낙엽이 하는 말」

가을이 되면 어김없이 낙엽은 거리에 떨어져 쌓이기 시작한다. 거리에 가득한 낙엽이 하는 전언인 이 시는 '돈이고 싶다' 로 요약할 수 있다. 가난하고 아픈 사람들을 위해서 돈이 되어 도움이 되고 싶다는 낙엽의 말이다. 해마다 가을이면 떨어지는 낙엽들로 인해 청소부 아저씨는 고되다. 그러나 그것이 돈이라면 얼마나 즐거운 일이겠는가 아픈 사람이나 노숙자도 마찬가지이다. 그러나 이러한 발상은 물질만능주의에서 오는 경향이 많다. 생래적 가난의 대물림을 끊기 위해 많은 사람들이 노력하고 있지 않는가? 낙엽을 돈으로 치환하는 화자를 통해 고통받는 사람들이 없는 세상을 갈구하는 서정적 자아를 볼 수 있다. 모두가 행복한 세상이 되어 따뜻하고 화목하게 사는 그러한 세상을 꿈꾸는 것은 비단 김애경의 시만은 아닐 것이다.

김애경은 한 권의 시집을 엮으면서 이웃과 그리움을 소통의 언어로 담아내고 있다. 잔잔한 필치로 자신의 어법을 이루어가며 삶에 대한 단상들을 표현하고 있는 것이다. 삶이 무엇이겠는가? 더 좋은 세상이 온다면 그 세상을 희구할 것이며, 세상이 차갑다면 따뜻하고 화목한 세상을 꿈꾸며, 그리워하며 평화롭게 살지 않겠는가. ■